Die Letzten

Rainer Maria Rilke

Alpha Editions

This edition published in 2022

ISBN : 9789356789074

Design and Setting By
Alpha Editions
www.alphaedis.com
Email - info@alphaedis.com

Contents

IM GESPRÄCH

Man kann gut denken, dass Bilder im Saale sind: tiefe, träumerische in ruhigen Rahmen. Ein Giorgione vielleicht oder so ein purpurdunkles Porträt von einem nach Tizian, etwa dem Paris Bordone. Dann weiss man, dass Blumen da sind. Grosse erstaunte Blumen, die den ganzen Tag in tiefen, kühlen Bronzeschalen liegen und Düfte singen: müssige Blumen.

Und müssige Menschen. Zwei, drei oder fünf. Immer wieder streckt sich das Licht aus dem Riesenkamin und beginnt sie zu zählen. Aber es irrt sich immer wieder.

Ganz vorn an der Feuerstelle lehnt die Prinzessin in Weiss; neben dem grossen Samowar, der allen Glanz fangen möchte. Sie ist wie eine wilde Farbenskizze, so hingestrichen im Sturm eines Einfalls oder einer Laune. Mit Schatten und Licht gemalt aus irgend einer genialen Ungeduld heraus. Nur die Lippen sind feiner ausgeführt. Als ob alles andere nur um dieses Mundes willen da wäre. Als ob man ein Buch gemacht hätte, um auf eine von hundert Seiten die stille Elegie dieses Lächelns zu schreiben.

Der Herr aus Wien neben ihr neigt sich ein wenig vor in dem breiten Gobelinstuhl: „Durchlaucht" – sagt er und irgend etwas hinterdrein, was ihm selber wertlos scheint. Aber die weichen Worte, die nichts bedeuten, gehen über alle hin, wie eine Wärme, und Jemand sagt dankbar: „Deutsch sprechen ist fast wie Schweigen."

Und dann hat man wieder eine Weile Zeit zu denken, dass Bilder da sind, und welche. Bis Graf Saint-Quentin, der am Kamin steht, fragt: „Haben Sie die Madonna gesehen, Helena Pawlowna?"

Die Prinzessin senkt die Stirne.

„Sie werden sie nicht kaufen?"

„Es ist ein gutes Bild" – sagt der Herr aus Wien und vertieft sich in seine feinen, frauenhaften Hände.

Und ein deutscher Maler, der irgendwo im Dunkel sitzt, fügt hastig an:

„Ja, man könnte es um sich haben. Ich meine in der Wohnstube oder so." Und nachdem seine Worte ganz verklungen sind, neigt sich Helena Pawlowna vor: „Nein" – sagt sie und dann traurig: „Man müsste ihm einen Altar bauen."

Ihre Worte tasten tief in den Saal hinein, wie Suchende. Pause. Da macht die Prinzessin eine kleine bange Bewegung und will ihnen finden helfen.

„Kasimir, soll ich die Madonna kaufen?"

Weither kommt eine volle slavische Stimme, um sich zu wundern.

„Sie fragen mich?"

Pause.

Und Helena Pawlowna bittet um Verzeihung: „Sind Sie nicht Künstler?"

Antwort: „Manchmal, Helena Pawlowna, manchmal –"

Wenn die silberne Uhr jetzt nicht geschlagen hätte, würde der deutsche Maler geantwortet haben: „Aber" – doch die silberne Uhr rief auf einmal eine ganze Menge, und da gab er es auf. Besonders, da Graf Saint-Quentin sagte: „Uebrigens sind Sie den ersten Winter in Venedig, Helena Pawlowna?"

„Ja. Aber ich kann mir nicht denken, dass es jemals anders war."

„Es ist seltsam. Diese alten Paläste sind so rührend in ihrem Anvertrauen. Sie haben viele Erinnerungen. Und da ist Einem manchmal, als ob man alle mit ihnen teilte. Nicht?" So sagt der Herr aus Wien und schliesst die Augen dabei.

Er sieht also nicht, dass Helena Pawlowna lächelt, während sie ergänzt: „Sie haben Recht. Eines besonders: dass man nicht hier Kind war, kann man gar nicht begreifen. Denken Sie: oft auf der Gasse oder in Gärten geschah mir, ich müsste jemandem winken und ihm erzählen: Hier hab' ich immer gespielt als Kind. Oder: hier in diese Kirche bin ich beten gegangen, zu diesem Bild – lauter, lauter Lügen."

Da kommt die Stimme Kasimirs traurig näher:

„Und doch haben Sie nie jemanden gerufen, Helena?"

„Oh, wer hätte mir denn geglaubt, Kasimir."

Pause.

Und leise überlegt Graf Saint-Quentin: „Darf man nicht lügen in solchen Fällen?"

„Aus Sehnsucht einfach –" bestärkt der Herr aus Wien.

„Aus Schönheit –" fühlt Graf Saint-Quentin.

„Es schadet ja Keinem," meint der deutsche Maler und steht plötzlich auf.

Da beginnt Kasimir: „Es ist ja ohnehin falsch, was man so hinter sich hat. Glauben Sie, Graf, Sie sind in der Vendée Knabe gewesen und wild und ungestüm? Meinen Sie, Herr, das war Wien, was um Ihr erstes Erwachen herum war? Und Sie, Herr, dass dieses flache Land, von dem Sie oft erzählen, wirklich Hintergrund aller Märchen war, wissen Sie das? Dieses Schloss, bitte, und diese Stadt und Ihre Haide da, waren das nicht vielmehr die Grenzen jenes Landes, in welchem Sie tief und innig lebten? Bitte, hörte Ihr Besitz nicht dort auf, wo das Andere begann? Ging Ihre Sonne nicht unter immer, wenn Sie das wirkliche Licht empfanden? Starben die stillen Gestalten in Ihnen nicht an jedem Wort, das Ihr Vater zum Beispiel zu Ihnen sagte? Und Dinge. Wurden die Dinge nicht wertlos im Augenblick, da Sie erkannten, dass sie nicht Ihnen allein gehörten, sondern so herumstehen, dass ein Jeder sie anfassen und benutzen kann nach Laune? Ueberlegen Sie das, bitte. Ob man nicht alles echte Gold, welches man hat, langsam in Scheine umwechselt. Wie? Und endlich hat man lauter Anweisungen statt der Werte. Und wenn heute oder morgen der grosse Krach kommt, dann ist man Bettler – ist das nicht so?"

Pause.

Und dann Helena Pawlowna: „Mir ist, als ob Sie nicht alles Gold umgewechselt hätten, Kasimir."

„Vielleicht, Helena Pawlowna, es kann sein, dass ich das gethan habe. Aber dieses Gold gilt nicht im Leben, müssen Sie wissen. Es ist ausser Kurs. Man muss Scheine haben und recht viele" –

Das macht den deutschen Maler ungeduldig: „Ja, ja –" sagt er, „da hört man's ja wieder. Ihr seid Pessimisten, Ihr Slaven, unheilbare Pessimisten. Wir haben das überwunden: wir lieben das Leben, und unsere Kunst kommt mitten heraus."

Er macht ein paar Schritte zum Fenster hin und fügt von dort etwas leiser hinzu: „Ich glaube doch, die Herren müssen mir recht geben. Sie, Herr Graf; denn die Franzosen haben uns ja gerade manches gelehrt, was das Leben betrifft. Wie? Na und Ihr in Wien ..."

„Ja, ja," antwortet der Herr mit den feinen Händen langsam, „es ist wahr, wir in Wien, wir thun gerne so, als ob wir alles hätten – Leben – und Kunst und –"

Und Graf Saint-Quentin nippt von seinem Thee und ist so mit der feinen Tasse beschäftigt, dass er nicht zum Antworten kommt. Wie er sie hinstellt, singt sie eine Weile vor sich hin.

Aber der deutsche Maler ärgert sich. Er fühlt sich so im Stiche gelassen und hat die Idee, seine Sache retten zu müssen um jeden Preis. Er beginnt also:

„Darum habt Ihr ja auch eigentlich keine Kunst, Ihr Polen und so weiter. Na, was Litteratur betrifft und so Zeug, kann sein. Man soll aus Weltschmerz ja schöne Gedichte machen können und dann sentimentale Musik, hm, Chopin, Tschaikowski, freilich. Aber davon versteh' ich nichts. Was Malerei anlangt, ich meine, moderne –"

„Oh, sehen Sie den Wereschtschagin –"

Der Maler wehrt ab.

„Oder Porträt: da haben wir jetzt in Wien den Pochwalski" – der Wiener wird ganz eifrig in dem Bestreben, die schroffe Behauptung des Anderen zu dämpfen. Er möchte immer noch eine Liebenswürdigkeit darüber breiten, und seine Hände zittern davon.

Aber da sagt Kasimir schon:

„Der Herr hat ganz recht. Wir haben keine Kunst."

„Vergessen Sie Ihren „Pan Tadeuz" nicht," mahnt Graf Saint-Quentin.

„Gerade an ihn denke ich. Und an die grossen Russen. Und an Tetmajer und diese feinen jungen Poeten, die das Kranksein so schön machen. Sie sehen, ich denke an Viele. Und dabei kommt heraus, dass wir Künste haben, keine Kunst. Viele Sehnsüchte und keine Erfüllung. Vielleicht ist das bei den Deutschen anders, ich weiss nicht. Aber dann müssen die Deutschen sehr glücklich sein –"

Die Prinzessin hat sich vom Kamin abgewendet. Ihre Augen rufen in das Dunkel hinein.

Und der deutsche Maler fühlt: jetzt geht wieder so ein Gespräch los, das zu nichts führt. Es ist eine grässliche Art, dieses Geistreichsein. Und dabei sind alle die Dinge so klar, so lange man nicht in ihnen herumrührt.

Und er schweigt, um die Sache nicht weiter auszudehnen.

Wenn nur der Herr aus Wien nicht gefragt hätte: „Wie meinen Sie das?" Dann wäre es ja wohl zu Ende gewesen. Aber natürlich fragt er. „Wie meinen Sie das?"

Nicht gleich antwortet Kasimir, und die Prinzessin Helena Pawlowna hat Zeit, ihre Hände zu falten.

Dann kommen wieder lauter weiche Worte aus dem Dunkel. Dann und wann vernimmt man einen Schritt, als ob der Pole irgend ein besonders ängstliches Wort ein Stück begleiten wollte in den Saal hinein. So ungefähr:

„Wir haben ja früher davon gesprochen, bitte. Kunst ist Kindheit nämlich. Kunst heisst, nicht wissen, dass die Welt schon ist und eine machen. Nicht zerstören, was man vorfindet, sondern einfach nichts Fertiges finden. Lauter Möglichkeiten. Lauter Wünsche. Und plötzlich Erfüllung sein,

Sommer sein, Sonne haben. Ohne dass man darüber spricht, unwillkürlich. Niemals vollenden. Niemals den siebenten Tag haben. Niemals sehen, dass alles gut ist. Unzufriedenheit ist Jugend. Gott war zu alt am Anfang, glaub' ich. Sonst hätt' er nicht aufgehört am Abend des sechsten Tages. Und nicht am tausendsten Tag. Heute noch nicht. Das ist aller Grund, den ich gegen ihn habe. Dass er sich ausgeben konnte. Dass er fand, dass sein Buch zu Ende sei mit dem Menschen, und nun die Feder fortgelegt hat und wartet, wie viel Auflagen es haben wird. Dass er kein Künstler war, das ist so traurig. Dass er doch kein Künstler war. Darüber möchte man weinen und den Mut verlieren zu Allem –"

Da fällt die silberne Uhr ein, hell, zögernd, mit einem kleinen Zittern in der Stimme.

Man lässt sie ausreden, und hinter ihr beginnt der Pole, ganz unwillkürlich leiser und heimlicher.

„Ein Lied, denken Sie, ein Bild, welches Sie erkennen, ein Gedicht, das Sie lieb haben, das alles hat seinen Wert und seine Bedeutung. Ich meine für den, der es zum ersten Mal macht und für den, der es zum zweiten Mal macht: für den Künstler und für den wahrhaft Schauenden. Denn es ist so: der Bildhauer z. B. macht seine Statue für sich, allein für sich; aber (und das ist das Mehr seiner Arbeit) er schafft ausserdem Raum für sie in der Welt neben den anderen Dingen; und nur, wer imstande ist, das Bild innerhalb dieses Raumes aus eigener Kraft zu wiederholen, der hat es in Wahrheit und im Geiste –"

Die Kaminglut beginnt dunkler zu werden. Hinter den goldenen Gittern geschieht ein Stürzen und Zerstieben der breiten Pinienscheite. Es ist eine Verwirrung, als brächen phantastische Paläste zusammen.

Und mit dem Dunkel kommt der Pole näher und bringt seine immer leiseren Worte mit. Wie Kinder, die Wünsche aufsagen sollen, sind sie: beschämt und schön.

„Diese Dinge also, Lied und Gedicht und Bild, sind anders als die anderen Dinge. Sehen Sie das gütig ein, bitte. Sie sind nicht. Sie werden jedesmal wieder. Darum geben sie die Freude, die unendliche. Diese Macht. Dieses Bewusstsein von unerschöpflichen Schätzen, das sonst von nirgends kommt. Darum heben sie hinauf. Ja, das thun sie. Sie heben uns – hoch – bis zu Gott."

Der Graf von Saint-Quentin macht eine Bewegung, als ob er Platz schaffen wollte für ein Wort.

Auch der Herr aus Wien ist nah am Reden. Er liest angestrengt in seinen Händen.

Aber Kasimir hat das alles nicht bemerkt. Auch nicht, dass der deutsche Maler sich damit beschäftigt, seine Finger auf einen kleinen Elephanten aus Ebenholz zu setzen und reiten zu lehren. Elender Zeitvertreib. Wie auf dem Land bei Regenwetter, so ungefähr.

Währenddem hat Kasimir längst begonnen; man sieht jetzt, wie seine dunklen Augen erwachen:

„Helena Pawlowna, – und jetzt sagen Sie selbst, bitte, ist das nicht hoffnungslos? Immer nur bis zu Gott. Nie durch ihn durch. Nie über ihn hinaus. Als ob er ein Felsen wäre. Und er ist doch ein Garten, wenn man so sagen darf, oder ein Meer oder ein Wald – ein sehr grosser –"

Und da horchen alle in den Wald hinein. Die Prinzessin neigt sich weit, weit vor, dem Polen entgegen. Als ob sie allein alle seine Worte wollte, alle seine Worte – auch diese folgenden:

„Was muss man also thun, Helena, damit es nicht so traurig ist, das? Nicht so sinnlos traurig. Jetzt sagen Sie mir's, Helena. Sie sagen – ich höre, – etwa Das sagen Sie, Helena, nur besser, strahlender, als ich es kann: man muss, sagen Sie, dort muss man anfangen, wo Gott abliess, wo er müde wurde, dort muss man einsetzen. Wo ist das, Helena, bitte? Im Leben ist das, beim Menschen. Nicht bei den Vielen, bei dem einen Menschen, der einem entgegenkommt von Ewigkeit. Der Einem alles das bringt, das Andere, was man noch braucht, um nie eine Not zu haben, um beginnen zu können sorglos, verschwenderisch; – denn das darf nicht sein, Helena, wie ein flüchtiger Besuch von Mensch zu Mensch. Und die Welt treibt unbekümmert daran vorbei. Das muss ein Fest sein, ein Jubel, ein grenzenloser. Sie haben ein Bild dafür gefunden, Helena, so: zwei Feldherren, die zu einander kommen auf den Höhen. In einem leuchtenden Land. In Jerusalem vielleicht, in Aegypten oder am Ganges. Jeder mit einem Heer hinter sich – und jedes Heer die halbe Welt –"

Da hat Helena Pawlowna sich erhoben. Hoch. Stille. Zwei Menschen stehen einander gegenüber. Zwei Könige. Es ist eine Weile wie in Jerusalem oder wie am Ganges. Und auch die Flammen hinter den goldenen Gittern erheben sich und streuen Glanz weit aus.

Der Graf von Saint-Quentin hat seinen Platz am Kamin verlassen und ist im Begriff, sich leise zurückzuziehen. Der Herr aus Wien ist langsam aufgestanden, und auch der deutsche Maler hat auf einmal begriffen: man muss aufstehen in diesem Augenblick. Er ist maasslos erstaunt. Man sprach doch über Kunst eben noch – merkwürdig. Und da setzt er sich auch schon wieder mit einer gewissen Erleichterung. Man muss reden, denkt er, um Gotteswillen rasch, man muss reden. Das Erste-Beste. Er strengt sich ungeheuer an. Ihm fällt nichts ein, als der arme kleine Ebenholz-Elephant, den er in der letzten Viertelstunde abgerichtet hat; aber es ist doch unmöglich, plötzlich von diesem Elephanten zu sprechen: Herr Gott –

Da hört er den Grafen von Saint-Quentin, französisch:

„Sie müssen verzeihen, Helena Pawlowna, wenn ich schuldig bin an diesem Aufbruch –" und die feine Pendüle unterstützt ihren Landsmann. Sie schlägt irgendeine endlose Stunde, den ganzen Abschied entlang, so dass Keiner etwas sagen muss.

Auch Kasimir nicht. Man kann sein Gesicht nicht sehen und nicht wissen, ob er bleich ist. Aber seine Augen müssen müde sein. Das hat man so im Gefühl. Und seine Hand zittert und ist schwer. Er verneigt sich tief vor der Prinzessin, tief. Dann geht er, wie Einer, der nicht wiederkommen wird an einen lieben Ort. Zögert bei jedem Schritt. Sieht allen Dingen ins Gesicht mit so ernsten Augen. Aufmerksam. Damit er doch weiss, wie alles war.

Helena Pawlowna bleibt vor dem verloschenen Kamin. Sie horcht: nur die kleine, silberne Uhr und die tickt atemlos, atemlos, als liefe sie hinter einer Sekunde her, die viel, viel schneller ist. Und da langt die Prinzessin zum Kamin hin nach einer kleinen, alten, goldenen Glocke, in deren Griff winzige Bilder getrieben sind.

Helena Pawlowna wird Licht befehlen, viel Licht.

DER LIEBENDE

Hermann Holzer geht in seiner langen, schmalen Stube auf und ab und spricht seit einer halben Stunde. Ernst Bang liegt eben so lange auf dem alten Studentensofa und betrachtet ihn. Manchmal hebt er ein wenig den Kopf, wie um über die Worte des andern hinzusehen; denn diese interessieren ihn nicht sonderlich. Der breite, blonde junge Mensch, der immer auf demselben Fleck auf und nieder läuft, mit Schritten, als ob er eine Anhöhe bestiege, scheint ihm viel wichtiger offenbar. Er möchte ihm am liebsten zurufen: Bleib einmal stehen, bitte, damit ich dein Kinn genauer sehe und deinen Mund ...

Natürlich ruft er es nicht, aber trotzdem bleibt Hermann Holzer stehen, versammelt sich vor dem engen Fenster und deckt mit seinem schwarzen Rücken den Himmel zu und die Schornsteine und den ganzen Sonntagnachmittag. Die Stube dunkelt hinter ihm. Und er sagt: „Hol der Teufel das ganze Examen. Ich bin schon wahrhaft nervös, glaub ich. Ich fange an, Euch Konkurrenz zu machen, lieber Bang. Nehmt Euch in acht, wenn ich mal nervös werde, dann thu ichs gründlich, – wie alles. Dann seid Ihr Zwerge gegen mich.“ Und er dreht sich so schnell um, dass er ein ganzes Stück Licht mit seinem Lachen hereinreisst in die rauchige Dachstube.

Bang setzt sich wie erschrocken auf. Er ist sehr schlank und modisch gekleidet. Jetzt besieht er langsam seine linke Hand und dann seine rechte. Mit einem gewissen Eifer, als ob das ein Wiedersehen nach Jahren wäre.

Holzer geht schon wieder auf und ab. „Heute muss auch noch die Antwort kommen, ob ich Aussicht habe, den Privatunterricht bei Holms zu übernehmen. Davon hängt viel ab. Ohne diesen Zuschuss kann ich nicht daran denken, zu heiraten.“

Bang macht eine geräuschvolle Bewegung. Holzer wendet sich ihm erwartungsvoll zu. Aber er erhält nur ein zerstreutes: „Ja, freilich ....“ und fährt fort mit den Schritten und mit den Worten: „Ich denke mir, dann erst wird's Ruhe geben. Dann wird man erst anfangen können, was Vernünftiges zu arbeiten. Bis man so versorgt ist, sich um nichts zu kümmern hat.“ Pause ... und: „Helene versteht das ...“ Pause. „Natürlich werden wir irgendwo draussen wohnen ...“

Er ist gerade wieder vor dem Fenster.

Bangs feine Lippen wehren sich gegen ein Wort. Dann schlägt es nach innen und treibt den jungen Menschen in die Höhe. Er steht eine Weile ratlos, ehe er ein paar Schritte gegen den Freund zu macht. Als er neben ihn tritt, sagt Holzer gerade: „Hör mal!“

Ein trauriges, slavisches Volkslied weht wie Rauch den Lichthof herauf. Es ist, als ob das Lied sich auf die Fussspitzen stellte, um über Dächer und Türme zu schauen ... irgendwohin.

Bang hebt unwillkürlich den Kopf und schliesst die Augen.

„Weisst Du, was das ist?" lacht Holzer.

Pause. Dann träumt Bang vor sich hin: „Heimweh ..."

Holzer rüttelt ihn. „Der kleine Frosch vom Land da unten wäscht Geschirr ab. Da singt sie immer dazu, immer dasselbe mit dieser dummen verwaschenen Stimme.

Jeden Nachmittag um halb vier. Sieh mal – (er hält ihm die Uhr hin) pünktlich, was? So ist jede Tageszeit hier bezeichnet. Ich könnte meine Uhr ruhig versetzen: Leiermann, Drahtbinder, Gemüsemann, Lumpenweib: so heissen meine Stunden. Und dabei arbeite Einer! Zudem giebt es auch noch ein Vis-à-vis. Sieh mal .... nett, nicht?"

Hermann Holzer verschwendet ein paar Kusshände, und aus seinem befriedigten Lächeln kann man schliessen, dass sie nicht in den Hof hinunterfallen. Dann kehrt er sich plötzlich ins Zimmer: „Darum heirate man .... ehestens!"

Bang macht eine Bewegung der Abwehr.

Hermann Holzer bemerkt es, sieht ihn einen Augenblick an und langt sich eine Cigarette vom Tisch her.

„Willst Du nicht, Bang?"

„Danke."

Und Holzer zündet in aller Behaglichkeit eine Cigarette an. Dann sagt er, während er das benutzte Zündholz heftig hin und her bewegt, als ob er irgend etwas durchstreichen wollte, was in der Luft geschrieben steht: „Hm? –"

Bang schaut zum Fenster hinaus. Mit den kleinen, unteren Vorderzähnen quält er sein blondes Schnurrbärtchen.

Pause.

Hermann Holzer geht schon wieder auf und ab und raucht mit unglaublicher Heftigkeit. Plötzlich bleibt er stehen, und seine Stimme bohrt sich durch den Qualm: „Farbe, Farbe, lieber Bang. Rot oder grün? Was ist los?"

Ernst Bang kommt näher, und seine Hand sieht lächerlich zart aus auf der ruhigen, runden Schulter des anderen. Er betrachtet seine Schuhe, seinen linken besonders, und spricht dabei: „Ich bin überzeugt, Du wirst mich nicht missverstehen, Hermann ....“

Holzer wird unruhig: „Muss es denn so feierlich sein? Heraus damit! Herr Gott, umgebracht hab' ich keinen ... also ...“

Bang hebt seine Augen, und sie sind ordentlich schwer von Trauer.

„Oder doch?“ lacht Holzer.

Da tritt Ernst Bang zurück zum Fenster, und es wird wieder Raum für das armselige Heimwehlied. Mitten hinein in die kleine ängstliche Melodie streut Bang die langsamen Worte: „Nimm mir's nicht übel, Hermann, aber ... Du ... zerbrichst ... sie ...“ Pause.

Hermann Holzer nimmt die Cigarette aus dem Mund und legt sie leise auf den Rand des Tisches. Der feine Rauch steigt steil auf inmitten der Stube. Unwillkürlich folgen beide mit den Blicken dieser ruhigen, feierlichen Bewegung. Da nimmt Holzer einen Stuhl in die Hände und versucht, ihn zu heben. Auf einmal lässt er ihn fallen und schreit in das Gepolter hinein:

„Du bist wohl verrückt?“

„Lass uns ruhig darüber reden, bitte ...“

Bangs Stimme zittert ein wenig.

Aber Holzer ist noch nicht so weit: „Ich ... zerbreche ... sie ...“ wiederholt er mit Betonung, als müsste er diese Worte auswendig lernen. Immer von neuem beginnt er: „Ich zer ...“

„Hermann ....“, bittet der Andere.

„Ich zer ....“ Und Holzer lacht auf einmal zügellos. Man muss es im ganzen Hause hören. Endlich geht ihm das Gelächter aus und er sagt mühsam, mit dem letzten Atem: „Willst Du mir vielleicht – erklären ...?“

Darauf hat Bang gewartet. Er beginnt leise, wie nach guter Vorbereitung. Man kann seine Augen nicht sehen. „Du erinnerst Dich doch, wie Du Helene kennen gelernt hast? Es war bei mir an einem jener lustigen Abende. Das heisst, für Euch war er lustig; für mich und für Helene war es ein Abschied, wenn Du willst – ein Abschiedsfest. Aber ... na also: etwas Wehmütiges jedenfalls. Du hast das nicht bemerkt? – Ich weiss. Zum Schluss haben wir beide es wohl selber nicht mehr gewusst. Wie das so geht. Das Leben ist rasch ....“

Holzer macht eine Bewegung der Ungeduld.

„Nur einen Augenblick, Hermann. Es ist notwendig, von jenem Abend zu reden. An jenem Abend ..." Bang kommt ein paar Schritte näher und sucht die unruhigen Blicke Holzers zu halten.

„Du hast mich nie gefragt, wie ich eigentlich zu Helene ...."

Holzer weicht ihm aus, gereizt: „Aber das geht mich ja gar nichts an ..."

Bang lächelt: „Mag sein. Ich möchte trotzdem weiter erzählen ..."

Holzer wirft sich auf das Sofa, dass alle Federn krachen. Der kreischende Misston liegt eine Weile in der Luft.

Ernst Bang vertieft sich wieder in die Betrachtung seines linken Schuhes und erzählt:

„An jenem Abend also hab' ich Euch alle zu mir gebeten, um so eine Art Verlobung zu feiern ...."

Die Federn des Sofas werden unruhig.

„Es war mir nämlich klar geworden, dass es doch etwas Anderes ist als einfach Kameradschaft, was mich an Helene band. Ich ging also mit mir zu Rate und beschloss, sie zu heiraten. Ich übersah nicht die Schwierigkeiten, welche meine Familie mir bereiten würde; ich vergass nicht, dass ich meine Karrière durch diesen Schritt beschränkte. Ich rechnete mit diesen Dingen, also waren sie kein Hindernis. Aber im letzten Augenblick, eine halbe Stunde ehe Du damals bei mir eintratest ..."

Ein Ruck in den Polstern des Sofas.

Bang sieht hin, aber Holzer liegt ganz ruhig, und Bang vollendet also: – „Da zeigte sich ein Hindernis, das ich nicht erwartet hatte."

Pause ... „Na, und als Ihr kamt, da wusste ich es schon – und Helene ..."

Auf einmal sitzt Hermann aufrecht und wendet seine lauernden Augen gegen den Sprechenden: „Sie hat Dich abgewiesen?"

„Hm", macht Ernst Bang ungewiss, als ob er etwas anfügen wollte, und denkt: Man sollte das Fenster öffnen vielleicht, nur eine Weile ...

Inzwischen bricht die Dämmerung über die beiden herein. Jetzt erst zündet sich Bang eine Cigarette an und geht auf und nieder. Ganz anders als Hermann. Langsam, in einem gewissen Erwarten, sich wiegend. Er fühlt sich besonders erleichtert offenbar, denn später sagt er leichthin: „September! Wie bald es schon dunkel wird."

Wirklich, es ist ganz dunkel. Man kann nur mit Mühe erkennen, dass Holzer am Rande des Sofas sitzt, den Kopf in die Hände gesenkt. Er ändert diese Stellung nicht und darum klingen seine Worte so dumpf in der Frage: „Das ist mir nicht klar, Bang, was mich das alles angeht, was ich dabei soll?“

Ernst Bang bleibt stehen. Da wird die Stille auf einmal schwer, schwer.

Holzer reisst die Hände vom Gesicht und schreit: „Ich zerbreche sie? Warum?“

„Ruhig, ruhig ...,“ beschwichtigt Bang.

Aber Holzer springt auf. Er thut plötzlich wie Einer, der im Traum gelähmt war. Er streckt seine Arme, er probt seine Gelenke und will seine Stimme hören: „Warum?“

„Sieh sie Dir mal an, Hermann“, bittet Bang, selbst ein wenig mitgerissen. „Wie blass sie ist. Sie wird Dir krank werden, Du wirst sehen. Du quälst sie.“

Da legt ihm Holzer die Hand auf die Schulter. Und sie wird immer schwerer während dieser Worte: „Du weisst nicht, was Du sprichst, Bang. Ich thue für Helene alles, was ich kann, weisst Du. Alles mögliche. Nur Phrasen mach' ich keine. Das will sie auch nicht. Also, was quäl' ich sie?“

Bang weiss nichts zu erwidern.

Und langsam spricht Holzer weiter: „Wir sind Kameraden – einfach. So gehört sich's. Wenn ich sie in der letzten Zeit manchmal vernachlässigt habe, so war die Arbeit daran schuld. Sobald sie ihr Kind haben wird, ihre Arbeit, wird sie mich auch vernachlässigen. Das ist so.“ Pause.

Ernst Bang hat seine Cigarette ausgehen lassen. Er knöpft unruhig an seinem schwarzen Gesellschaftsrock; seine Hände sind sehr weiss. Dann hört man wieder die Stimme Holzers. Sie wird immer ruhiger und bekommt immer mehr heitere Ueberlegenheit.

„Ich finde übrigens gar nicht, dass sie schlecht aussieht. Alle Mädel sehen so aus um die Zeit. Das wird schon besser werden. Du kannst Dich darauf verlassen.“ Pause. „Aber das ist so Eure Art: Sensation um jeden Preis. Nichts ruhiges. Lauter Trapezgefühle; und man wartet immer, ob sie nicht im nächsten Augenblick den Hals brechen. Ich kenne das. Aber man fällt Euch immer wieder hinein auf Eure Empfindelei.“

„Die Dinge sind vielleicht doch nicht so einfach.“ Bang sagt das fast pfeifend.

„Gewiss, weil Ihr sie nicht einfach wollt.“

„Oh wollen –“, macht Bang, „überhaupt: wollen ...“ und er schaut über alles weg ins Grenzenlose.

„Na ja, da wären wir ja glücklich wieder." Holzer ist fast fröhlich jetzt. Er zündet die Lampe an und verneigt sich dann vor dem Freunde:

„Euer Hochwohlgeboren erlauben: Mein Name ist Holzer. Das ist wörtlich zu nehmen. Mein Vater selig war nämlich der „alte Holzer". Sie können von ihm hören im Dorf drunten. Die meisten werden sich an den breiten Bauer erinnern, den Holzerbauer. Und ich hab' auch noch was aus seinem Blut, hoff' ich. So was Grades, Eichenes ..."

Ernst Bang fühlt sich durch das grelle, gelbe Licht der Lampe gestört: „Ich denke, ich gehe jetzt."

Holzer lacht: „Wie Du willst. Aber damit die Lektion in Gottes Namen doch einen Schluss hat, sag' mir doch schnell, was ich, nach Deiner Meinung, in diesem Fall zu thun habe?..."

Bang macht eine Bewegung, so, an allem vorbei.

„Sprich, die ganze Kultur steht hinter Dir, bedenke!" Und er nimmt dem Zögernden den Hut wieder aus der Hand und begütigt, in anderem Ton:

„Wirklich, Ernst, Freund zum Freund. Du hast mir Deine Ansicht gesagt und, so sonderbar sie sein mag, ich bin Dir dankbar dafür. Ohne Zweifel hast Du auch einen Rat mitgebracht. Ein Medikament gegen das gefährliche Uebel, wie? Ihr seid ja alle Aerzte, Ihr modernen Menschen."

Bang versucht zu lächeln.

„Ich bin gespannt. Was soll ich thun, Ernst? Was soll ich sagen?"

Und da wird Bang wieder sehr ernst. Er kommt ein paar Schritte zurück und antwortet sehr hastig: „Sagen? Hm. Ich glaube, es ist Deine Sache, einfach zuzuhören ..."

Auch Hermann lacht nicht mehr: „Ich versteh' Dich nicht ..."

„Nun, – Helene ist von denen, die sich aussprechen müssen um jeden Preis ..." Pause. „Es könnte ja sein, dass Helene Dir etwas zu erzählen hat ... von ... früher ..." Pause.

„So", sagt Holzer dann kurz und begleitet den Andern an die Thür.

Da tritt Helene ein, gerade den Beiden entgegen.

„O", macht sie, als sie Ernst Bang erkennt, und Holzer lacht: „Eine Ueberraschung, was? Alte Freunde?!"

„Ja –", versucht Helene und geht an Bang vorbei.

Da hat Hermann einen Einfall, ganz unvermittelt offenbar. „Du hast doch wohl noch Zeit?" Eigentlich klingt das für eine Frage recht entschieden. Unwillkürlich bleibt Bang stehen. Er sieht, wie Hermann das Mädchen bei der Hand nimmt und in den hellen Kreis der Lampe zieht, und es kommt ihm unerhört brutal vor. Dann hört er ihn sagen: „Blass? – Bist Du blass, Helen'?“ Pause.

„Möglich, dass das die Lampe macht; es ist ein ungünstiges Licht. Aber Du fühlst Dich doch wohl?“ Pause.

„Dieser Herr da sagt nämlich ...“

Helene macht eine Bewegung, als ob sie flüchten wollte. Ernst Bang fühlt sich auf einmal vollkommen unbeteiligt, Zuschauer. Er möchte bequem sitzen, um nichts von dem zu verlieren, was kommt. Also:

„Dieser Herr sagt: Ich zerbreche Dich?“ Pause.

Ernst Bang denkt: „Zu schleppend ist diese Szene. Flotter, bitte!“

Pause. Dann, sehr laut: „Ist das wahr?“

Heftiges Weinen.

Ernst Bang macht zwei Schritte; er hat die Empfindung: Schluss! Man kann gehen. Es kommt nichts mehr.

Aber das ist ein Irrtum; es kommt noch etwas: Hermann Holzers Riesenlachen. Und hinterdrein: „Kinder seid Ihr, richtige Kinder. Ihr beide. Du Helen' und der da. Gott sei Dank, dass wir jetzt beisammen sind, sonst thätet Ihr jeder was Sentimentales. Ich seh's Euch an. – Wir wollen auch beisammen bleiben heute und irgend etwas feiern; es wird sich schon was finden lassen.“

Pause. Helene neigt sich mit halbgetrockneten Augen zu Hermann und flüstert ihm etwas zu. Er versteht nicht gleich. Dann lacht er: „Wir beide allein? Gott bewahre! Kinderei! Im Gegenteil, was ich jetzt zu sagen habe, muss Ernst mithören. Leg' nur Deinen Hut fort, mein Lieber.“

Und als Bang keine Anstalten macht, fügt Holzer an: „Wenn ich Dich darum bitte.“ Und da auch das nichts hilft, braucht er ein letztes Mittel: „Helen' will es auch, – nicht wahr?“

Und da wird eine Stille um ein kleines, farbloses „Ja“ herum.

Langsam kommt Ernst Bang näher. Er sieht unglaublich müde aus, und Holzer denkt, zur Beruhigung: „Es ist ein ungünstiges Licht ... so eine Lampe ...“

Dann zieht er das Mädchen auf seinen Schooss und scherzt: „Nun, kleine Frau, hast Du mich lieb? Und zerbrech' ich Dich nicht?“ Da klammert sich das kleine, blonde Mädchen an seinen Hals an, mit einem Ungestüm, das ihn staunen macht. Eine Weile fühlt er sie weinen. Aber das können keine tiefen Thränen gewesen sein; denn als er das zarte Gesichtchen in die Höhe zwingt, atmet ihn eine strahlende Seligkeit an, deren er sich gar nicht zu entsinnen weiss.

Bang steht auf einmal am Fenster und zählt die schwarzen Schornsteine. Er will sich draussen beschäftigen um jeden Preis; dennoch hört er Wort für Wort:

„Jetzt ist es ja bald überstanden, Kind. Wenn heute Nachricht von Holms kommt, so können wir heiraten, gleich nach dem Examen." Pause.

„Du willst doch?"

Ein glückseliges Lachen.

„So feiern wir heute die Zukunft." Pause.

„Du bist doch dabei, Bang?" Und er wartet die Antwort gar nicht ab. „Noch eines feiern wir, richtig: Deine Kultur, Bang. Wir sind drei moderne Menschen, drei Menschen ohne Vorurteile, nicht? – Wir dekretieren hiermit: es giebt keine Vergangenheit. Die Vergangenheit leugnen wir einfach."

Ernst Bang ist rasch näher gekommen, wie um zu retten; er hört noch:

„Wer von der Vergangenheit spricht, lügt. Abgemacht."

Helene ist sehr blass.

Hermann hat es nicht bemerkt. Eben hat jemand draussen geklingelt, und er beeilt sich, zu öffnen; es könnte von Holms sein. Helene erreicht ihn noch an der Thür. Ihre Lippen brennen. Es ist ein letzter Versuch.

Aber Holzer hält sich die Ohren zu und lacht laut.

Da lässt sie ihn los, lässt ihn los – und kommt langsam zur Lampe zurück, ganz ruhig.

Bang steht an der anderen Seite des Tisches, und die Lampe singt zwischen ihnen merkwürdig laut.

Einmal schaut ihn Helene an mit traurigen, hilflosen Augen. Und Ernst Bang hebt ein wenig die Achseln, unmerklich.

Das ist alles.

DIE LETZTEN

Der Tag wird immer verlegen in der kleinen Mietswohnung, in welcher so schwere, unverständliche Möbel stehen. Aber die Dämmerung begreift alles. Sie weiss, dass das Vergangenheit ist, was da in Stühlen und Schränken und Bildern sich erhält, und dass die engen Stuben, drei Treppen hoch, schuldlos sind an dieser fremden Vergangenheit, wie Menschen, deren Gesicht von irgend einem Vorfahr den Namen eines Gefühls geerbt hat, das sie mit ihren eigenen schwächeren Herzen gar nicht zu tragen vermöchten.

Die beiden Fenster führen den roten Abend herein, der über die Dächer kommt und leise zu den wartenden Dingen tritt, welche ihn schweigend empfangen. Am freudigsten nimmt ihn die schmale, mit Säulen geschmückte Kommode auf, die wie ein kleiner Altar ist: mit all dem Silber und Glas auf ihr lächelt sie ihm zu.

Marie Holzer steht gerade vor dieser Kommode. Sie hält von den kleinen Miniaturen, welche da neben den massiven Armleuchtern aufgestellt sind, eine nach der andern in den Abend und betrachtet jede aufmerksam. Dabei ist ihr junges, helles Gesicht ernst und nachdenklich. Für eine Weile wendet sie es einer Dame in Schwarz zu, die, nah bei ihr, auf dem Fensterplatze sitzt und vor sich hinsieht, ohne dass ihre grossen Augen etwas halten. Und so kann Marie Holzer sie ruhig anschauen, als wäre auch das ein Bild: dieses Gesicht, dem man kein Alter zu geben wagt, obwohl es nicht jung ist, diesen feinen Mund, der von wehen Erinnerungen bewegt, ein unsichtbares Leiden überwindet, und dieses Haar, von dem man zu wissen glaubt, dass es schwer ist. Und vor allem die Vornehmheit dieser zarten, stillen Gestalt, die geduldige Ruhe dieser schwarzen Schultern, auf denen das schlichte Nutzkleid wie eine Würde liegt.

Jetzt erhebt die schlanke Uhr, die fast verheimlicht zwischen den Fenstern steht, ihre zitternde Stimme und sagt feierlich sechs Schläge, von denen sie jeden anders betont; Marie Holzer lässt sie ganz ausreden und wartet auch noch das Geräusch ab, mit welchem die geteilte Stille sich hinter dem letzten Schlage wieder schliesst. Dann sagt sie: „Merkwürdig." Und nimmt wieder ein Bild von der Kommode und wiederholt: „Merkwürdig." Da erschrickt die Frau am Fenster: „Sie haben etwas gesagt, Marie?" Das Mädchen stellt zuerst die Miniatur wieder an die alte Stelle, ehe es antwortet. „Gesagt? – Eigentlich nicht. Es ist nur so seltsam." Die Dame sieht flüchtig über den Abendhimmel hin und fragt leise: „Was denn, Kind?"

„Dass man hier bei Ihnen immer so anders wird. So eigentümlich fromm. Man ist immer wie zum allerersten mal hier. Man kann das Staunen nicht verlernen." Pause. Sie biegt die Arme in jungmädchenhafter Art hoch zurück und bettet den Kopf hinein, wie man es wohl während eines leisen Traumes thun mag, den man tief, mit allen Sinnen geniesst. Ihre Augen sind auch geschlossen, als sie fortfährt: „Und das giebt es hier, mitten in der Stadt, hoch in diesem lauten, alltäglichen Zinshaus, in dem nüchterne, unwichtige Menschen wohnen. Ueber ihnen ist dieses Seltsame. Sie tragen es gleichsam auf ihren Köpfen und ahnen nichts davon." Sie lässt die Arme fallen. „Nein, sehen Sie, Frau Malcorn, dass es so etwas giebt!..."

„Aber was denn eigentlich, Kind?"

„Alles das: diese Bilder und diese Dinge und Sie, Frau Malcorn, und Harald – ja, auch Harald."

Frau Malcorn schüttelt leise den Kopf. „Sind denn einsame Menschen so anders als –"

„Einsame Menschen? – Ja. Vielleicht. Aber das ist es nicht allein." Marie Holzer geht zu dem anderen Fenster hin. Und dann: „Sie sind nicht einsam eigentlich. Sie leben unter vielen, bloss nicht unter uns, nicht unter uns heutigen. – Sie haben so viel Bilder hier. Sie haben mir ja schon oft gesagt, wer alle diese Menschen waren. Diese traurigen Frauen alle und diese feierlichen Herren. Und ich weiss auch, dass sie längst gestorben sind. Manche vor zweihundert Jahren, manche noch früher. In Frieden gestorben, – aber – wissen Sie auch wirklich, dass das alles nur Bilder sind?"

Wie beunruhigt durch die leise Furcht, die diese Frage des Mädchens vor sich herjagt, steht Frau Malcorn auf und kommt zu Marie. Und während sie eine Hand auf Mariens Schulter legt, streichelt diese leise die andere Hand. „Sie sind so zart, so blass. – Als ob viele Menschen von ihrem Leben mitlebten." Pause. „Alle diese ...."

Man erkennt schon kaum mehr die furchtsame Bewegung, mit welcher Marie in das Zimmer weist. So dunkel ist es geworden. Und in das Schweigen wirft sich von draussen der Sturm.

Aber da beginnt Marie Holzer laut und in anderem Ton:

„Sie müssen sich schonen, Frau Malcorn. O, verzeihen Sie, wenn ich so spreche. Ich fühle mich manchmal älter, wie Ihre ältere Schwester."

„Und sind doch so jung?" lächelt Frau Malcorn und küsst sie auf die Stirn.

„Ja, ich bin jung. Und ich bin dessen froh. Ich fühle so viel Kraft in mir. Ich möchte so vieles thun." Und da ist eine Ungeduld in ihren Händen, als ob sie sie gleich an alles Werden legen wollte, das zu langsam geht.

Dabei erinnert sich Frau Malcorn: „Das hat Harald auch immer gesagt: Ich habe so viel Kraft in mir."

„Das hat er! Das hat uns zusammengeführt! Zusammengetrieben! Dieses Gefühl von Kraft." Und Marie erzählt atemlos: „Gleich damals, als ich ihn zum erstenmal sprechen gehört habe, in der Versammlung. Viele hatten vor ihm gesprochen. Ich weiss noch: es handelte sich um die Organisation eines Hilfsvereins zur Unterstützung der Arbeitsunfähigen, ihrer Frauen und Kinder. Die anderen hatten so trocken und von oben her die Sache erörtert. Man sah ihnen an, sie waren satt und kannten die Sorgen vom Hörensagen. Man war müde geworden dabei. – Da kam er! Wie ein Sturm war das. Wie ein Erwachen bei Feuerschein! Nicht mehr von der Versorgung dieser paar armen Menschen war die Rede. Als sollte Raum werden für ein neues Geschlecht, mitten unter uns, rücksichtslos."

Marie Holzer holt tief Atem und macht eine Bewegung, als stellte sie etwas in das Dunkel, als Ziel für ihre hellen, seligen Augen. „O Frau Malcorn, ich sehe ihn immer so vor mir. Er war gross geworden, – gross. Und seine Stimme hing über den Unschlüssigen wie ein Schwert. ‚Kleingläubige,' – rief er – ‚Kleingläubige!' – Und da kam sein Glauben über mich. Dieser Glaube eines Kindes oder eines Märtyrers. Er hatte seine Hände erhoben, und es war, als hielte er etwas in den Saal hinein, was uns blendete. Unsere Schatten waren auf einmal schwer, fielen uns ab und wir standen da: Licht von seinem Licht, Herz von seinem Herzen ...."

Unter den allzugrossen Wonnen sucht Marie nach etwas Sagbarem, und merkt nicht, wie Frau Malcorn ihr horchendes Gesicht in den Händen verbirgt. Endlich erzählt sie weiter.

„.... Und dann, als alle gingen, drängte ich mich durch. So, mit den Ellbogen, mit den Fäusten, wie's kam. Ich hätte den gewürgt, der mich gehalten hätte. Zu ihm. Er sah gar nicht müde aus. Nur ruhiger, dunkler. Ich konnte nichts sagen, nicht eine Silbe. Ich hatte Weinen im Hals. Mich schwindelte. Ich griff nach ihm, ins Unbestimmte. Er nahm meine Hand und wärmte sie in seinen beiden. Und hielt sie. Und fragte: ‚Du willst mir helfen?' Da hab' ich mit einemmal weinen können; nie früher hab' ich's gekonnt, – auch nicht, als meine Mutter starb. Aber damals. – Und es war so gut!"

Hier unterbricht sie ein heftiges Schluchzen. Sie wird fast mütterlich, als sie zu der Weinenden tritt, leise den Arm um ihre zuckenden Schultern legt und bittet: „Aber! – Das ist doch eine Freude, Frau Malcorn, nicht?"

Sie fühlt, dass die Andere eine bejahende Bewegung macht. „Also, sehen Sie ..."

„Aber auch eine Angst." Und Frau Malcorn beschwichtigt ihre Thränen.

„Wie?"

„Er war nie so früher. Er war früher viel bei mir ... Früher war er gern zu Hause ...“

„Ja sehen Sie –“ sagt Marie rasch mit ihrer breiteren Stimme – „da müssen Sie schon freigebig sein. Er hat Reichtum für viele. Alle brauchen etwas von ihm. Er ist die Seele von allem. Begreifen Sie das?“

„Ja,“ sagt Frau Malcorn, wie gestrafte Kinder ja sagen.

„Er ist reicher als wir alle. Er nimmt Ihnen nichts fort, auch wenn er hundert Andere beschenkt. Fühlen Sie das?“

Dasselbe Ja.

„Er ist ein König ...“

„Aber er meidet mich.“ Und trotz Mariens abwehrender Geste beharrt sie, die zarte Frau. „Ja, ja, ja, er meidet mich, Marie. Mich und die Stube hier und überhaupt ...“

„Aber, liebe ...“

Frau Malcorn drückt das Gesicht an die starke, bewegte Brust des Mädchens und klagt, wie vor sich selbst beschämt: „O, warum hasst er mich?“

„Um Gotteswillen, Frau Malcorn, Sie versündigen sich ja! Wissen Sie, wie Harald von Ihnen spricht?“ –

„Wie von einem Traum. Wie von einem Märchen, von dem schönsten Märchen, das man als Kind gehört hat und das man wiederfindet in jedem Schönen, immer und immer.“ Ganz weich ist Mariens Stimme jetzt, ganz sanft.

„Wirklich?“ Zaghaft hebt Frau Malcorn die verweinten Augen.

„Wie von einem Kleinod, das man am sichersten Platz verwahrt hält, – wie von einem Feiertag.“

„O, mehr, mehr!“

„Ich hab' Sie doch schon so lieb gehabt, Frau Malcorn, lang, ehe mich Harald zu Ihnen führte. Lang, bevor ich Sie kannte. Woher sollte mir das gekommen sein?“

Ungeduldig und glücklich, bittet die zarte Frau: „Was hat er Ihnen von mir erzählt?“

„O, alles. Von seiner Kindheit. Wie die Tage waren. Und was Sie ihm am Abend vorlasen. Und welches Kleid Sie in die Kirche trugen ...“

„Das schwarze mit dem Spitzeneinsatz, – ja?“

„Eben das. Oft unterwegs begann er davon zu sprechen. So, unvermittelt. Und seine Stimme war ganz anders dann, wärmer ...“

„Nicht wahr? Seine Stimme kann seltsam werden?...“

„Ja. So, als ob sie weit her käme ...“ Pause.

„Sehen Sie, Marie, einmal war Harald so wie diese Stimme ... Eh' das ihn erfasste, das Fremde, Neue, Unruhige, das ich nicht begreife ...“

„Eh' er ein Mann wurde, Frau Malcorn; eh' er einen Beruf auf sich nahm, eine Pflicht, – eh' er ins Leben sprang, Frau Malcorn.“

„Ja,“ nickt Frau Malcorn traurig – „ins Leben ...“

„O, fürchten Sie nicht für ihn! Er ist Einer, der es über sich hat, das Leben. Es ist keine Gefahr für ihn. Er hat es umgenommen wie einen Mantel, wie einen Purpurmantel ...“

„Das Leben?“ fragt die Andere befremdet.

„Das moderne Leben, ja. Dieses ungestüme, stündliche Werden. Diese Hast eines Frühlingssturmes: alle Himmel über einem Tag. O, Sie glauben gar nicht, wie lieb man es hat, wenn man erst mitten drin steht. Wie man sich eins fühlt mit ihm ...“

„Wissen Sie das durch sich selbst, Marie?“

„Ja, Frau Malcorn. Ich gehöre ihm ja ganz. Das Schicksal hat mich so mittenhinein geworfen. Zeitig schon, als meine Mutter starb. Das Schicksal und – die Sehnsucht ...“

„Sehnsucht, wonach?“

„Nach Macht.“

„Macht?“

„Ja, über sich und – über das Leid.“

Pause. „Sie haben Ihre Mutter lieb gehabt?“

„O ja. Aber wir waren sehr arm. Wir haben nie Zeit gehabt, es uns zu sagen. – Ich glaube, sie hat es nie gewusst.“

Pause. Und Marie Holzer fühlt eine Bangigkeit kommen. Und sagt rasch, wie jemand, der sich versprochen hat, nie traurig zu sein: „Aber wollen wir nicht die Lampe anzünden?“

„Ja, bitte, Marie. Uebrigens sollte doch Harald schon zurück sein!“

„O, Sie wissen ja, wie das geht.“

„Aber es ist halb sieben?"

Marie hat hinten auf der Kommode die Lampe angezündet und bringt sie zum Sofatisch, wo man abends zu sitzen pflegt.

„Er wird jemanden getroffen haben," beruhigt sie, und ihr Gesicht, das sich über die Lampe neigt, beweist, dass sie nicht besorgt ist. „Oder er holt sich noch irgend etwas aus der Bibliothek." Sie ist froh, noch eine Erklärung seines Ausbleibens gefunden zu haben.

Aber Frau Malcorn versteht es anders: „Diese Bücher –" klagt sie – „diese vielen grossen Bücher!"

Marie lacht. „Ja, das ist seine alte Leidenschaft."

„Und er liest so lange. Jede Nacht bis eins oder zwei."

„Er lebt zwei Leben. Eines nach vorn und eines tief zurück in die Vergangenheit. Das macht ihn so, – so breit ..."

Frau Malcorn, die noch immer nicht in den Kreis der Lampe kommt, steht irgendwo im Dunkel, unter den Dingen. Sie scheint die letzte Erklärung nicht gehört zu haben. „Ich schleiche oft bis zur Thür und schaue durch die Spalte: immer noch Licht. Ich wage nicht zu rufen. Aber ich horche immer ..."

„Ja, ja, er liest gern laut," sagt Marie oberflächlich, zieht die Fenster-Vorhänge zu und vollendet damit den Abend. Und der Kreis der Lampe wird ruhig und rund.

Aber da flüstert Frau Malcorn, als ob das ein Geheimnis wäre: „Er hustet."

„Na –" macht die Holzer, „– das Wetter ist auch danach."

„Nein, nicht so. Schon lange und so, so fürchterlich tief ..."

Da ist auch Marie erschrocken, ohne Fassung. Nur einen Augenblick freilich. Dann schüttelt sie's ab. „Sie sind aber auch, Frau Malcorn! Immer gleich alles von der schwärzesten Seite sehen." Sie sieht ein, dass man schnell etwas Scherzhaftes sagen muss, um jeden Preis. „Wenn Sie nur mal reden müssten, so vor fünf-, sechshundert Menschen im heissen, dunstigen Saal und zwei, drei Stunden lang ..."

Frau Malcorn wagt sich ins Licht. „Meinen Sie wirklich, Marie?"

„Aber natürlich, Frau Malcorn. Denken Sie nur. Aber damit Sie ganz beruhigt sein können, will ich ihn überreden, mal zum Arzt zu gehen."

„Wie gut –"

„Ja, zu Ihrer Beruhigung. Es wird kein leichtes Stück sein bei ihm. Weiss Gott! Er gönnt sich so ungern für sich selber Zeit. Aber ich glaube, ich kann schon etwas wagen bei ihm."

„Er thut alles, was Sie wollen, Marie ..."

„O – wir sind gute Kameraden. Da gleicht sich das aus. Im übrigen, er ist ja so weit über mir in allem." Pause. „Ich bin oft ganz bange deshalb."

„Bange?"

„Er fühlt alles so! Oft wenn wir unter Menschen sind: Ein Wort, ein Blick, eine Bewegung irgendwo. Ich merke es kaum, aber ich sehe an ihm sofort: es ist etwas geschehen. Dieses Wort, dieser Blick, diese Gebärde, war ein Ereignis, etwas Entscheidendes ..."

„Wie meinen Sie das, Marie?"

„Nun, das ist ja selbstverständlich. Er ist reif. Er hat jahrhundertelange Entwicklungen hinter sich. Unter ihm sind Feldherren, Bischöfe, – Könige vielleicht sogar. Immer einer auf den Schultern des andern. Und ganz zuhöchst: Er, Harald. Und alle leisesten Schwankungen dieser breiten Basis sind in ihm sichtbar ..." Dann spricht Marie Holzer von sich, ganz anders im Ton, fast grob: „Mein Grossvater war Bauer ...." Und nun vergisst sie alle Ehrfurcht und fährt fort, trotzdem die Uhr siebenmal schlägt. Hastig, als ob sie erst froh sein könnte, sobald alles gesagt ist.

„Ich bin so von gestern. Ich bin der Erde näher, dem Lehm, mein' ich, dem Rohstoff. Ich bin jünger, jünger in der Kultur. Ich habe Gesundheit und Kraft. Aber meine Gesundheit prahlt. Meine Kraft ist protzig und voll Eigennutz; sie will hinauf, sie muss erst noch hinauf. Ja, ja, das ist es. Harald kann anderen helfen. Er kann es wirklich: andere heben. Er ist oben. Er war immer oben. Seine Hilfe ist reif, mühelos, schön ..."

Aber Frau Malcorn steht rasch auf und geht hastig an Marie vorbei und an allen Worten. Schon seit einer Weile weiss sie, dass Harald kommt. Und nun hört auch Marie seine nahen Schritte.

„Guten Abend, Mama. Es ist wohl spät? Guten Abend, Marie. Ihr habt wohl schon gewartet? Ja, es gab da wieder eine Menge unvorhergesehener Dinge .." Alles das sagt Harald rasch und seine Stimme schwankt im Laufen. Er hebt sich aus der dunklen Umarmung der Mutter und reicht Marie eine Ledermappe zu. „Nimm, Marie. Wir müssen das dann durchsehen, heute noch. Es handelt sich um die Eingaben – nun, du wirst ja sehen ...."

Plötzlich bemerkt Harald, dass er steht und es sich gefallen lässt, dass seine Mutter den nassen Mantel von seinen Schultern nimmt. Er macht eine erschreckte Bewegung, als ob er ihre feinen Hände schützen wollte.

„Es regnet?“ fragt Frau Malcorn besorgt.

„Nebel ist, greulicher, dicker Nebel. Man sieht nicht drei Schritte vor sich. Das legt sich so in die Kleider und auf die Lunge. Wenn nur erst die Herbsttage wieder vorüber wären.“

Marie Holzer hat inzwischen den Inhalt der Mappe flüchtig durchgesehen. Sie wendet ihre ruhigen, klugen Augen zu Harald.

„Hast du heute gesprochen?“

„Ja, im Studentenverein.“

„Nun – und?..“

„Was?“

„Wie war's?“

Harald sieht auf seine fröstelnden Hände. „Na, wie immer, du weisst ja. Bist du schon lange hier?“

Frau Malcorn beeilt sich teilzunehmen. „Ich war so froh, sie hier zu haben. Mir war schon bange nach dir, Harald.“

„Ja, Mama, du weisst ja: ich bin nicht Herr meiner Zeit.“ Haralds Stimme und seine Bewegungen haben noch die Maasse des Saales und es fällt ihm schwer, sie an die kleine Stube zu gewöhnen. Deshalb wendet er sich an Marie. „Aber, wollen wir das nicht gleich durchsehen?..“

Die Holzer bemerkt die Enttäuschung von Haralds Mutter und versucht ihn zurückzuhalten. „Nein, Harald, jetzt will ich dich erst mal wiedersehen, weisst du. Wenn du deine Augen erst wieder in diese schrecklichen Papiere steckst, sind sie mir doch für heute verloren. Und ich hab' doch auch ein Recht auf sie – nicht?“

„Ja, ja, Marie,“ und Harald ist es, als ob man etwas ausgedacht hätte, um ihn zu quälen. „Ihr habt alle ein Recht auf mich, ich weiss. Alle, – alle, alle ...“

Frau Malcorn ist sehr erschrocken. „Komm, setz dich da an den Ofen, du musst ganz durchgekältet sein.“

„Ja, ja, an den Ofen, immer sich an den Ofen setzen, hinter den Ofen womöglich ...“ Aber plötzlich tritt Harald auf die Mutter zu, ganz beschämt. „Mama, verzeih mir ... Du siehst, es steckt wieder mal so ein boshafter Aerger in mir, der noch nicht herauskam. Marie weiss, das hat nichts zu bedeuten, nicht wahr? Das kommt schon so mit. Und hier soll er mir, weiss Gott, nicht heraus, hier nicht!“ Er führt Frau Malcorn sanft zu ihrem Lieblingsplatz bei der Lampe, und seine Stimme findet eine ungeahnte Zärtlichkeit. „Du hast ganz rote Augen, Mama. Wahrhaftig, deine Augen sind ganz rot! Hast du mir auch nicht zu viel gearbeitet? Was? – Dieses schreckliche Rot in deinem Stickmuster ... Ja, muss es denn gerade dieses Rot sein, dieses blutige? – Was wird es denn überhaupt?"

Frau Malcorn kann so viel Glück gar nicht glauben. „Ein Tischläufer – ," sagt sie leise, mit vor Rührung zitternder Stimme.

„Soso" macht Harald, schon wieder weit, von ganz Fremdem erfüllt und wendet sieh an Marie. „Es ist nämlich wichtig, dass wir die Sache heute noch erledigen. Es kommt jetzt so viel. Als ob es auch in den Herzen nicht Tag würde jetzt, – wie draussen. So viel Elend überall. Physisches Elend, Not, Armut, Krankheit; – geistiges Elend, Dünkel, Vorurteil und Eigennutz. Und zu allem: Das Beharren darin, die Trägheit. Die fürchterliche, dumpfe, unheilbare Trägheit! Dieses grosse Joch des Gestern, in dem sie alle gehen. Sie haben ihre Leiden und ihre Freuden. Unbedeutende, gehässige Schmerzen und ein banges, falsches, ängstliches Glück. Aber sie bleiben dabei. Versuch's, sie heraus zu heben: sie wehren sich. Und reisst du sie einfach los von ihrer armseligen Gewohnheit, – so sind sie wie Ausgestossene und wollen zurück in die Pesthütte ihrer Vergangenheit. Alles umsonst." Und nach einer ratlosen Pause: „Und dabei hat man doch diesen ehrlichen Willen, diese ehrfürchtige Kraft, die nicht herrschen will, die bereit ist zu dienen und die kleinste, geringste Arbeit nicht scheut, wenn sie nur auf dem Wege nach vorwärts liegt. – Du weisst doch, Marie, wie gut, wie gerne ich überzeugt bin vom Ziel, nicht wahr? Du weisst doch, aus welcher Tiefe mir das alles kommt? Du hast's ja selbst einmal empfunden, nicht?"

„Lieber, ich empfind es jeden Tag wieder!"

„Und du glaubst an mich?"

„Wie an die Sonne."

Da hält Harald ihr dankbar die Hand hin und fragt: „Heisst das: Blüten oder Früchte glauben?"

„Beides. Eines nach dem andern, Harald."

„Eines nach dem andern?.. Das braucht Zeit, Marie, viel Zeit ..."

„Wir sind jung."

„... und Geduld ..."

„Die hast du."

„Weisst du das so bestimmt?"

„Weil du die Liebe hast, Harald."

Beide schweigen. Bis Harald, wie erleichtert, aufatmet: „Dank dir." Und gleich darauf versucht er wieder froh zu sein. „So ... du, ... Mama, – sag, darf ich mir mal den Läufer ansehen, deine Arbeit?"

Frau Malcorn will es lächelnd verwehren. Aber nun wird der Läufer geholt und unter der Lampe langsam aufgerollt. „O – o –" macht Harald, noch ehe er die Stickerei ganz geöffnet hat, „schau Marie, da reden wir so viel und reden, aber wenn wir zeigen sollten, was wir gemacht haben – hm? da würden wir wohl in Verlegenheit kommen! Und da, Mütterchen, macht so etwas ganz in der Stille, ohne ein Wort, – etwas so Prächtiges. Und das wird nur ein Läufer. Nur ein Läufer. Wie man sich doch irren kann! Das hätt ich nun für ... für irgend etwas viel Festlicheres gehalten."

Marie ist neugierig: „Zum Beispiel?"

„O – für ... für ein Kleid ..."

„Kleid!" lacht die Holzer ausgelassen. „Trägt man bei dir solche Kleider?" Harald schaut auf. „Bei mir? Bei mir? Wie merkwürdig das klingt: bei mir. Ich glaube es ist zum erstenmal, dass ich diese Worte nebeneinander ausspreche. Wie eine Erfindung ist das. Und doch so einfach. Eben wie alle Erfindungen .... Bei Gott, – bei den Menschen, bei – dir, – bei .... und nun, ganz analog konstruiert: bei mir, ... bei mir. – Ja, aber, was wollte ich doch?... Wovon sprachen wir?" Und er erinnert sich seiner Zärtlichkeit. „Ja – und wozu stickst du denn diesen Läufer, Mama? Wollen wir ein Fest geben?" Traurig sieht Frau Malcorn ihn an. Aber Marie Holzer weiss Rat. „Gott, man feiert eben mal irgend was. Man kann alles feiern. Den ersten Frühlingstag und den ersten Schnee. Na, und wenn sonst nichts zu finden ist, feiert man eben den Läufer selbst, wenn er fertig ist, nicht?"

Aber die andern scheinen ihren lustigen Vorschlag gar nicht gehört zu haben, so ernst und still sind sie beisammen. Und Harald fragt nur, aus Gedanken heraus: Das dauert wohl lang, so eine Decke zu vollenden? –"

„Wenn man fleissig ist ..." seufzt Frau Malcorn. Aber Harald geht in seinen Gedanken weiter. „Ich" – lächelt er – „würde gewiss nie ganz fertig werden damit. Ich würde sitzen und sticken, und lauter recht dunkeltiefe Farben haben, in denen man so verloren geht. Und immer weiter wandern durch den Canevas. Immer ins Dunklere hinein, wie in einen Wald – und nie das Ziel finden ... Ich würde mich fürchten, zu Ende zu kommen!

Jetzt ist Harald weit fort von den beiden Menschen, die ihm erstaunt und besorgt zuhören; sie verstehen ihn nicht mehr. Er aber geht immer mehr weg von ihnen. Ueber die geschlossenen Augen hebt er seine Arme.

„... Und doch: ich habe solche Sehnsucht nach Festen, nach einer einzigen ungemeinen Stunde! Nach Rot und Rosen, nach Duft und Gold, nach Glanz, nach unerhörtem Glanz! Man müsste erblinden davon, nichts mehr sehen hernach, – nie mehr. Aber wissen: es war. Und das Gefühl haben von einer namenlosen Verschwendung.

Es kommt manchmal über mich, die Menschen fortzuschicken: „Geht alle nach Haus, legt eure besten Kleider an, nehmt alles, was ihr in den Truhen habt, von den Grosseltern her, die lau duftenden Tücher, und die schweren, verschlungenen Broschen, die wie goldene Knoten sind. Und die Blumen, die ihr in den Töpfen vor den Fenstern zieht, gebraucht sie einmal! Gebt sie euren Kindern in die Hände, damit sie lächeln lernen. Und dann – kommt wieder! Kommt alle wieder!“ Aber Haralds Hände fallen mutlos aus seiner schönen träumerischen Willkommengebärde, und er fährt mit müder, enttäuschter Stimme fort: „– und wenn sie wirklich wieder kämen, alle, in ihrer geschmacklosen Sonntagsmaskerade, mit den zu kurzen Hosen und den steifen, von Falten gebrochenen Shawlen, die nach Kampfer riechen, – dann .... dann würden wir einander nichts zu sagen haben, und uns benehmen wie fremde Kinder, die plötzlich miteinander spielen sollen ...“

Pause.

Und da er nichts hinzufügt, schwärmt Marie Holzer, die im Schweigen keine Uebung hat: „Du sprichst erst wie ein König und dann – wie ein Dichter ...“ „Und bin – keines von beiden ..“ Harald ist aufgewacht. „Es gab ja wohl Könige in unserem Geschlecht, nicht wahr, Mama? – Die Sage geht. In langverlorener Zeit. Vor tausend Jahren vielleicht ...“

Marie schliesst die Augen, wie auf einem hohen geländerlosen Turm: „Tausend Jahre ...“

„Ja; wenn du unseren Namen sagst, leise, – klingt noch der alte Name darin, dumpf, dunkel, wie die Glocken einer versunkenen Kirche ...“ Und Harald spricht weiter, wie mitten in einer Geschichte: „... Dann schlug eine grosse Welle über den Königsthron und riss den Letzten mit ins tiefe Vergessensein. Dort bleiben seine Enkel wohnen, Thalkinder. Aber viel später, im Mittelalter, kommt doch wieder einer von ihnen zu Macht und Land. Nicht wahr, Mama? In einem andern Reich zwar, mit verdunkeltem Namen und nur als kleiner, abhängiger König. Nach ihm bleiben sie eine Weile obenauf und erscheinen nochmals in der Geschichte, zur Zeit des Dreissigjährigen Krieges. Aber schnell ermatten sie in kleinen Händeln und feindseligen Streitereien und lassen, ohnmächtig, den alten Namen los. Und er fällt, fällt lang bis auf die alten Heidenkönige zurück ... Und ich – ich kam gerade in eine Namenlosigkeit hinein.“ Niemand sagt etwas. Nur die Uhr spricht darüber, in ihrer milden altmodischen Art. Beim achten Schlag erinnert sich Harald an etwas.

„Wie ein Dichter .... Wer hat das gesagt? Du, Marie? – Aber Du bist nicht die Erste! Lang vor Dir hat's eine Stimme ausgesprochen, tief in mir: Dichter! – Ich kann nichts dafür. Weisst Du, es war dort, wo man nicht hinreicht. In jenem Dunkel, wo ein anderer Macht hat, war es – ... Künstler sein, jung sein! Als ob das dasselbe wäre – nicht?“ Und plötzlich durchbricht es seinen Willen: „Möchtet ihr, dass ich ein Künstler wäre?“ Pause. „Sag, Mama?“

„Bliebst Du dann bei mir, zu Hause?“

„Wer weiss. Ich kann nicht davon reden. Vielleicht. Vielleicht hat man dann alles in sich. Vielleicht giebt es dann nichts, was man nicht in sich hat. Vielleicht ... Möchtest Du's, Marie?“

„Dass Du ein Künstler wärst? Ich glaube, Du bist's, Harald.“

„Du irrst Dich, Kind. Gewiss! Du siehst das alles zu licht. Du hast so viel Licht in Dir für alles. Ich bin es nicht. – Ich hätte es sein können vielleicht. Ich hätte es – bleiben können, obwohl ich es noch nie war. – Es ist zu spät.“ Und ganz erregt tritt er auf Marie zu:

„Du sagtest früher, ich habe die Liebe, Marie. Ja, – hab' ich sie denn? Hab' ich sie nicht vergeudet, ausgestreut mit vollen Händen? Ist das nicht mein Leben gewesen, sie zu verschwenden, seit zwei, seit drei Jahren, bis zu diesem Augenblick? Kann ich über sie verfügen, da Hunderte sich daran halten? Und wenn ich sie zurück begehre von ihnen, – was soll ich thun mit dieser Liebe, die die Spuren von hundert krampfhaften Händen trägt, die abgenutzt, alt, welk geworden ist? Und das nicht hinter ihrem Sommer etwa. O nein! Ich habe sie gar nicht reif werden lassen; ich habe den Hungernden diese grünen Früchte zugeworfen: Da! da! da!... und sie konnten doch nicht satt und nicht gesund werden davon!

„Warum kamst Du mir damals die Hand reichen, Marie? Damals war es noch Zeit. Damals hätt' ich noch retten können und – sparen.

„Ich will Dich nicht anklagen – nein! Nur ‚Künstler‘ darfst Du mich nicht nennen. Das ist wie ein Hohn, wenn Du das thust ...“ Und da beginnt er leise zu husten, so dass Frau Malcorns Augen starr und bange werden; aber Marie Holzer achtet jetzt nicht darauf. Sie fühlt die Verpflichtung zu antworten.

„Du bist erregt, Harald. Du hast kein Recht, so zu reden. Du bist durch Siege gegangen! Du darfst nicht wankelmütig werden! Du hast gewusst, was Du willst. Muss ich Dich daran erinnern?“ Sie lässt sich von Haralds abwehrender Bewegung nichts befehlen. „Ich danke Dir alles, auch meine Zuversicht. Du hast sie mir gegeben. Sie ist mein Besitz. Und wenn Du sie wieder willst, – nicht ohne Kampf!“

Harald fühlt den Husten kommen, und so sagt er nur rasch und hart:

„Du machst so grosse Worte, Marie."

„Es sind Deine eigenen, die ich Dir wiedergebe – alle, auch dieses: Kleingläubiger! Kannst Du Deinen Sommer nicht abwarten? Nicht halbreife Früchte, – Samen hast Du ausgestreut an hundert Stellen und also musst Du warten auf hundert Ernten."

Die Holzer erwartet eine Antwort, eine, die alles wieder gut macht. Aber Harald nickt nur, es scheint ihm so gleichgültig jetzt. Und dann fürchtet er den Husten, der kommt. Und seine Mutter sieht ihn immerfort an.

Da nimmt Marie noch einmal alle Kraft zusammen, und ihre Worte sind warm und unbefangen. „Hab' Mut, Harald! Du bist ungerecht. Denk! Einmal hast Du gesagt, wörtlich: „Ich möchte wohl Künstler sein, aber noch ist es nicht Zeit für die Kunst ..."

„Hab' ich das ....? Verzeih' also." Es klingt fast spöttisch.

Aber Marie Holzer giebt nicht nach: „Ist nicht ein helfendes Leben ein zehnfaches? Haben wir nicht eine sehr stolze Pflicht? Macht uns das nicht reich? Wissen wir nicht unsern Weg, Harald? – Sind wir nicht Sieger? Harald, glaubst Du an uns?"

Er muss doch die Hand sehen, die Marie Holzer ihm hinstreckt. Aber trotzdem geht er vorbei, geht auf die Mutter zu, die ihn bange erwartet, und sagt langsam im Gehen: „Ich – bin – müde ..."

Und die Holzer sieht, wie er sich in den Lehnstuhl fallen lässt und wie die zarte Frau, die sich zu ihm niederbeugt, ihn ganz verdeckt. Und sie sagt nichts weiter; man hätte es auch nicht gehört, denn Harald hustet sehr laut. –

***

Wie traurig muss es für die sein, die im Winter gesund waren, – wenn der Frühling kommt. Wie können sie ihn verstehen, wenn sie nicht zugleich Genesende sind? – denkt Harald, und er sieht immerfort den Himmeln zu, die, abwechselnd wolkig und klar, an den Fenstern vorüberjagen hoch über dem Nachmittag des Vorfrühlings. Er schaut nicht mit den strahlenden Augen allein, er schaut mit seinem ganzen Gesichte, in welchem nichts Verheimlichtes ist. Nur unter dem Bart, der wild die Lippen überwuchert, steht ein kleines Lächeln und blüht, wartend, dass ein Wort es mit zu den Menschen nimmt. Aber Harald schweigt.

Sogar als Frau Malcorn eintritt, leise, wie man zu Kranken kommt, und fragt: „Schon allein? Marie ist schon fort?" nickt er nur, sagt aber dann unbestimmt: „Sieh mal." Mit dem geübten Verständnis der Pflegerin wendet sich Frau Malcorn den Fenstern zu, bemerkt aber nichts. Und so erklärt Harald: „Die Wolken ... Es ist ein wundersames Bild. Und ich habe es so lange nicht gesehen. Als Knabe manchmal und dann lange nicht mehr ..." Und dann nach einer Weile beantwortet er auch die Frage der Mutter. „Marie müsste eigentlich nicht mehr kommen. Ich habe sie fortgeschickt. Ich wollte schlafen, hab' ich ihr gesagt. Aber ich war bloss müde, – müde sie zu sehen. Müde – immer wieder diese alten Dinge zu hören. Ich meine, von denen da unten. Da war ich nun ein halbes Jahr nicht bei ihnen. Ein halbes Jahr! Und während dieser ganzen Zeit ist nichts geschehen, scheint es. Wenigstens was Marie erzählt ..."

„Siehst Du, sie können nichts anfangen ohne Dich ..."

„Du Gute. Sie können auch mit mir nichts anfangen. Und vor allem: ich kann nichts mit ihnen anfangen, wirklich." Und er wendet sich wieder den Fenstern zu, als wäre jetzt nichts so wichtig wie dieser helle, bewegte Himmel. „Das hab' ich früher alles nicht gesehen. Und es ist doch so viel! Ich weiss nicht, Mama, macht das das Kranksein, dass man so aufmerksam wird auf alles und so dankbar, – fast weise .... So unwillkürlich weise, wie man als Kind ist? Man kann garnicht aus der Rolle fallen." Pause, dann leise: „Glaubst Du, dass es zu spät ist?"

Frau Malcorn richtet die Kissen, die über die Lehne des Sessels gelegt sind.

„Zu spät, Harald, wozu?"

„Zu beginnen. Noch einmal gleich hinter der Kindheit zu beginnen. Als ob diese drei Jahre da unten nichts gewesen wären. Oder, als ob sie eine lange Krankheit gewesen wären, aus welcher ich jetzt langsam zurückkomme ..."

Er fühlt einen Kuss auf seiner Stirne und fragt: „Nicht zu spät?"

Frau Malcorn schüttelt den Kopf; dann kniet sie neben Harald nieder, und er legt ihr seine feinen, ausgeruhten Hände leicht aufs Haar und spricht: „Schwer wird es mir nicht fallen, glaub' ich. Ich bin viel näher bei allem, was in der Kinderzeit liegt, als bei dem nachher. Alles weiss ich. Wenn Du mich doch prüfen wolltest. Bis ganz zurück. Bis damals, da Du ein Kleid trugst, ganz aus Spitzen, wie aus lauter solchen Wolken gemacht, – aus Frühlingswolken. Und – als Du oft weintest ... O ich weiss noch. Und als Du kleine, leise Lieder spieltest in der Dämmerung, – kannst Du sie noch?" Frau Malcorn senkt die Stirne tief, so dass Haralds Hände weitergleiten in ihrem Haar, von Stellen, die unter ihnen warm geworden sind, zu anderen, kühlen. Und wieder hört sie Haralds Stimme über sich. „,... Freilich, das ist lang. Und doch, ich fühle genau, wie es war. Als ob ein Glänzen glitte durch die Dunkelstunde, ein Aufleuchten, ein letztes Lächeln der Dinge vor dem Einschlafen: so war Dein Lied. Und einmal, als ich ganz leise zu Dir trat (Du hörtest mich garnicht kommen), da nanntest Du mich ... Du nanntest mich damals ... Jerôme ... Seltsam: Jerôme ... trotzdem ich Harald bin ... und ... der Vater ... hiess auch Harald ... aber Du sagtest damals Jerôme zu mir trotzdem ... Und das passte so gut zu dem, was Du spieltest ... das war wie das Lied selbst ... Siehst Du wohl, was ich alles noch weiss?" Pause. Und dann steht Frau Malcorn auf und zwingt sich zu sagen: „Willst Du mir etwas zuliebe thun, Harald?"

„Alles."

„Lass uns nicht nach Skal gehen, – lass uns hier bleiben!"

Harald staunt über den flehentlichen Ton dieser Worte. „Aber das sollte doch ohnehin nur auf Deinen Wunsch geschehen?"

„Ja – siehst Du – es ist ein grosser alter Park beim Schloss und überhaupt ... deshalb hab' ich an den Onkel geschrieben, ob er uns nicht einladen möchte. Ich hoffte: dort würdest Du Dich rascher erholen, – aber –" Rasch fällt Harald ein: „Ich hätte Dich wahrscheinlich um das Gleiche gebeten, Mama. Heut oder morgen. Im Anfang schien es mir ja eine grosse Freude und Freiheit ... Aber mir sind unsere Stuben hier doch lieber. Jetzt, weisst Du, während der Krankheit, sind sie mir so lieb geworden. Und ich kenne sie eigentlich noch wenig. Ich war ja so selten zu Haus – früher, – damals ... Natürlich: bleiben wir."

Hilflos und gequält fängt Frau Malcorn wieder an: „Und Du fragst garnicht, weshalb ich diesen Plan ..?"

„Du wirst Deine Gründe haben, Mütterchen ... Und ich glaube beinahe, ich errate sie; ich kenne Dich ja! Es widerstrebt Dir, vom Onkel eine Gnade anzunehmen, – Du Stolze ..."

Aber gerade damit zwingt er Frau Malcorn zum Reden. Und blindlings, ganz ausser sich vor Scham, wirft sie sich in die Worte: „Nein, Harald ... ich kann nicht lügen ... vor Dir ... ich muss es Dir sagen ... es ist nicht ... nicht ... aus Stolz, ... aus ... Furcht ..."

„Furcht?"

„Ja. Vor der weissen Frau ..."

Harald versteht noch garnicht: „Furcht? Vor Frau Walpurga? – Aber meine mutige kleine Mama und – Furcht?"

Frau Malcorn versucht zu lächeln. Doch am liebsten möchte sie dem Blicke ihres Sohnes entgehen. Sein Auge schaut so gross, und sie bleibt immer in seinem Kreis, seinem sanften Glanze erreichbar, wie sie auch unter den Dingen herumirrt. Endlich kauert sie sich vor den Ofen, als ob es dringend notwendig wäre, das Feuer zu erhalten. Und so, von dieser

Zuflucht aus, knieend, das gesenkte Gesicht im heissen Schein der angefachten Glut, beginnt sie ein flüsterndes Gespräch.

„Erinnerst Du Dich der Sage von Frau Walpurga?"

„Ungefähr. Sie ist in verschiedenen Schlössern gesehen worden?"

„Ja, am häufigsten in Skal."

„So? Immer drei Tage bevor jemand stirbt, nicht wahr?"

„Ja. Es heisst so."

„Und nach der Chronik ist es ja auch fünf- oder sechsmal in Erfüllung gegangen. Wenn man aber bedenkt, dass Frau Walpurga um die Mitte des 16. Jahrhunderts blühte und sich seither nur fünf- oder sechsmal bemüht hat zu erscheinen, muss man annehmen, dass die meisten Malcorns ohne ihren Vorantritt gestorben sind – es sei denn, sie lebten noch?..."

„Und sonst weisst Du nichts von ihr?"

„Einmal hab' ich das alles gewusst, als Knabe, – als Kind ... aber dann müsste ich's ja gerade jetzt, da ich die Kindheit wie gestern empfinde, wieder wissen ... Wart' mal: Sie war die Gemahlin des ... des ... Grafen (oder waren sie damals noch Freiherren?...), nein, ich glaube ... wir wollen später doch nachschlagen, ob es richtig ist ... und, im Falle ich recht habe, bitt' ich mir eine Belohnung aus – ja?" Harald sucht in seinem Gedächtnis, und so fällt es ihm nicht auf, dass Frau Malcorn nicht scherzhaft erwidert auf die letzte Frage. Er richtet sich ein wenig im Stuhle auf und zitiert richtig und sicher die betreffende Stelle: „Sigismund Ferdinand, erster österreichischer Graf von Malcorn, Herr auf Tschakathurn und Hallpach u. s. w. Söhne: Ferdinand III., Apel, genannt der Lahme, Christoph. Christoph, nachmals Herr auf Sarnkirchen und Skal, vermählt mit Walpurga, Freiin von Indichar ..." da haben wir's! Siehst Du, Du wirst sehen, es stimmt. Willst Du weiter hören? Ich glaube, jetzt weiss ich Enkel und Enkelsöhne bis ins 18. Jahrhundert herein ..."

„Nein, nein," wehrt Frau Malcorn heiser.

„Na, ich denke auch, das genügt. Ich begreife überhaupt nicht, warum wir uns so gründlich mit Frau Walpurga beschäftigen. Wenn sie schon mal keine Ruhe hat ..."

„Weisst Du, weshalb?"

„Weshalb sie keine Ruhe hat? Offenbar wie alle ‚weissen Frauen' der Welt: treulos, sündig, vom erzürnten Gemahl erstochen ..."

„Treulos, sündig ..." wiederholt Frau Malcorn mit so unsicherer Stimme, dass Harald sich erstaunt umblickt. Sie ist jetzt wieder ganz nahe, hinter seinem Stuhl, so nahe, dass die Flügel ihrer Worte ihn streifen, als sie fragt: „Erinnerst Du Dich an Deinen Vater, Harald?"

„Kaum. Er hatte einen dichten weissen Bart. Er war alt."

Frau Malcorn möchte ihre Hand in Haralds Haar legen, aber sie hebt sie nur bis auf seine Schulter; denn ihre feine Hand ist schwer. Und in diesem Augenblick sagt Harald: „Seltsam wilde Hände hatte er ..."

„Harald!" Es ist wie ein Schrei, aber Harald kann ihr Gesicht nicht sehen.

„Könntest Du Dir denken, Harald ...?" hört er hinter sich, und weiter, in bangen, merkwürdig leeren Pausen – – „dass ... Dein ... Vater .. mich ..." Da wendet Harald doch den Kopf. Frau Malcorn schaut über ihn fort in die beginnende Dämmerung und schreit fast: „... dass er gethan hätte wie Graf Christoph?..."

Erst begreift Harald nicht. Dann langt er rasch nach ihrer Hand, die eiskalt ist, und zieht sie sanft zu sich. Und da kniet sie auf einmal neben ihm und drückt ihr Weinen in seinen Schooss und hört über sich Haralds Stimme gehen, leise, ernst, beinahe feierlich: „Er war ein Greis. Ich hab' ihn nicht geliebt." Und da küsst sie seine erschrockenen, sich sanft wehrenden Hände. Harald aber ist schon bemüht, sie emporzuheben, und lächelt: „Siehst Du, dazu bin ich noch zu schwach. Das geht noch nicht. Heben kann ich Dich noch nicht."

Dann, als sie leicht aufgestanden ist, lehnt er sich weit zurück, wie zu glücklichem Schlaf. Sein Gesicht ist unbewegt. Nur unter dem Kinn, auf dem gespannten, abgemagerten Halse fliesst eine kleine Ader in springenden Wellen dem stillen Herzen zu.

Nach einer Weile holt er tief Atem, und Frau Malcorn fragt: „Ist Dir gut?" Harald öffnet die Augen nicht: „Ja. Heute wird es am Ende gar nicht kommen – das Abendfieber ..."

„Aber ruh' nur jetzt ..."

„Nicht – fortgehen –"

„Nein, ich bin immer da."

Und in dem Schweigen, das dann folgt, vollzieht sich die Dämmerung. Die Dinge treten lautlos aus dem Glanz zurück, wie aus einer Kirche, deren Thore geschlossen werden. Sie kauern sich längs der Wände, wärmen sich eines am andern, und es geht ein Schläfern von ihnen aus, welches die Uhr am Pfeiler mühsam überwindet. Im letzten Augenblick, da die Stunde schon unerkannt vorüber will, ruft sie sie an, hastig und hell.

Das macht Harald wach.

„... Bist Du da?“

„Ja, Liebling. Brauchst Du etwas?“

„Ich will nicht schlafen.“

„Doch, Harald, schlaf! Das giebt Kraft.“

„Mir ist zu gut zum Schlafen. Mir ist so gut. Wenn ich schlafe, vergesse ich es. Und ich möchte gern wissen, dass mir gut ist. – Wir wollen reden.“ Jetzt erst rührt sich Harald. Die Augen bleiben im Schlaf, aber die Linke streckt er so nach der Seite hin und bittet: „Hand!“ Und dann, als sein Wunsch erfüllt ist: „Das ist Deine Hand ... Wenn ich erblinden müsste, ich würde Dich doch erkennen an dieser Hand ... Ich muss also keine Angst haben, nicht einmal vor dem Blindwerden ... nicht einmal – – – wenn ... doch ... dann muss ich sie ja loslassen ...“

Frau Malcorn erschrickt, auch deshalb, weil sie sein „dann“ gleich versteht. Unwillkürlich zieht sie ihre Hand zurück.

„O“ – macht Harald, als ob er etwas Gläsernes fallen gelassen hätte, und auf seinem Gesichte ist eine ängstliche Spannung, es aufklirren zu hören an dem harten Boden.

Aber schnell beschwichtigt Frau Malcorn seine Angst. „Ich bin ja da, Harald.“ „Ja.“ Und er lässt die Augen schlafen und spricht leise, wie um sie nicht aufzuwecken. „Es ist doch gut, dass ich krank geworden bin. Denk nur! Wenn ich nicht krank geworden wäre, das wäre so fort gegangen, da unten, immer und immer, bis ... Aber jetzt ... jetzt darf ich mein Leben wieder aufbauen ganz von Anfang ... Kindheit? Hm. Mit der war ich zufrieden. War da jemand, der mir sie so schön gemacht hat, so märchenhaft schön! Du wirst ... erraten ... wer ... Nicht gerade froh war sie, was man so froh nennt: voll von Gespielen und Festen. Ich war immer allein, oder doch allein mit Dir. – Aber sie war so ... tief. Ich kann ihren Anfang nicht erschauen. Es könnten Jahrtausende gewesen sein – Jahrtau ... Und doch, dann ist es wieder wie ein einziger Tag, der noch immer nicht zu Ende ist und von dem ich träume, dass er nicht enden soll. Kannst Du Dir das denken?“

Er erwartet keine andere Antwort, als die Stille. Und nachdem er dieser eine Pause lang zugehört hat, fährt er fort: „Es muss schwer sein, sich das zu denken. Ich hätte es selbst kaum gekonnt vorher; aber jetzt scheint es mir ganz natürlich. Die Kindheit ist ein Land, ganz unabhängig von allem. Das einzige Land, in dem es Könige giebt. Warum in die Verbannung gehen? Warum nicht älter und reifer werden in diesem Lande?... Wozu sich gewöhnen an das, was Andere glauben? Hat das etwa mehr Wahrheit, als was man glaubt im ersten starken Kindervertrauen? Ich kann mich noch erinnern ... da hatte jedes Ding einen besonderen Sinn, und es gab unzählbar viele

Dinge. Und keines war mehr im Werte als ein anderes. Gerechtigkeit war über ihnen. Jedes durfte einmal das Einzige scheinen, durfte Schicksal sein: ein Vogel, der in der Nacht geflogen kam, und nun, schwarz und ernst, auf meinem Lieblingsbaum sass; ein Sommerregen, der den Garten verwandelte, so dass alles Grün Dunkelheit und Glanz bekam; ein Buch, in dessen Blättern eine Blume lag, Gott weiss von wem, – ein Kieselstein von fremder deutsamer Gestalt, – das alles war so, als ob man viel mehr davon wüsste, als die Grossen. Es schien, als könnte man glücklich werden und gross durch jedes Ding, aber auch, als könnte man an jedem Dinge sterben ...“

Dann rasch mit anderer Stimme die Frage: „Es ist nicht zu spät, hast Du nicht so gesagt?“

„Es ist nie zu spät, Harald.“

„Nie? Es kann doch einmal sein, wenn ich zum Beispiel .... Sagt denn der Doktor auch wirklich die Wahrheit?“

„Du hörst es ja. Er spricht doch immer ganz laut und froh ...“

Jetzt braucht Harald die Augen zur Zeugenschaft. Er sieht die Mutter fest an. „Und ... er sagt Dir nicht vor der Thür etwas Anderes?“

Frau Malcorn war auf diese Frage vorbereitet. Ruhig hält sie Haralds Blick aus, mit einem leisen, verschwiegenen Vorwurf im Gesicht.

„Verzeih, Mama. Aber es könnte ja sein. Ich habe das oft gesehen früher in Häusern, wo Kranke waren. Ich hatte ja bisweilen Gelegenheit ... Aber was wollen wir denn nur Marien sagen?“

Ganz unvermittelt sagt er das. „Was meinst Du?“ staunt Frau Malcorn.

„Nun, damit sie nicht mehr wiederkommt.“

„Meinst Du das im Ernst?“

„Ja. Sie wird keinen Raum haben in der Zukunft, die ich mir denke. Das Leben ist eng, und ich muss so vieles darin unterbringen. – Marie gehört in das andere, in das Eintagsleben, das ich vergessen habe. Ich will nicht daran erinnert sein. Sie aber mahnt mich an das Vergangene, selbst wenn sie nicht davon spricht, durch ihr blosses Dasein. Sie muss fort!“ Das klingt entschlossen und rücksichtslos, und Frau Malcorn kann es gar nicht gleich fassen. Eine Menge Fragen steigen in ihr auf, für die sie keinen Ausdruck findet, und Harald ist auch schon wieder mit seinen Worten voraus und froh, wie erleichtert durch diese Erledigung.

„Ich werde malen ... oder vielleicht ein Buch schreiben: Kindheit und Kunst. Mir ist so manches eingefallen in diesen letzten Wochen; ich werde es Dir diktieren. Du musst nicht Angst haben, dass ich Dich überanstrenge.

Jeden Tag nur ein paar Zeilen, aber vollendet, schön ... Einmal ersinn' ich vielleicht ein Lied, – dann musst Du es spielen. Und wenn es mir mal einfällt, ein Haus zu bauen, dann musst Du darin wohnen natürlich ... das heisst: wir, – denn wir werden nie voneinander gehen ... Nicht wahr?... Sag!...“

Frau Malcorn lächelt zerstreut: „Du wirst heiraten ...“

„Heiraten?“

„Nun doch – einmal ...“

„Glaubst Du, dass ich Marien geheiratet hätte?“

Frau Malcorn nickt zustimmend.

„Ich habe nie daran gedacht.“

Ganz verwirrt lenkt Frau Malcorn ab: „Und was wolltest Du malen? Das hast Du nicht gesagt.“

„Malen? Wolken.“

„Du Träumer!“

„Frühlingswolken! Ein Wolkenkleid! Dein Kleid!... Dich!“

„Ich habe keine Wolkenkleider mehr.“

„Dann musst Du Dir eines machen lassen ...“

Ganz wehmütig lächelt die zarte Frau. „Nur ein altmodisches weisses Atlaskleid hab' ich noch, vom letzten Ball her.“

„Ja, – weiss –“ plant Harald. „Ich müsste Dich in weiss malen und – mit Blumen. Mit irgend welchen heissen, roten Blumen. Mit Blumen, die es nirgends giebt. Mit solchen, roten ... (wo hab' ich sie doch gesehen?...) In Deinem Läufer. Mit solchen Blumen. Hast Du die selbst erfunden?...“

„Durch Zufall –“ flüstert sie und wird ganz rot.

„Seltsam, – o!... Blumen erfindest Du!“ Und Harald sieht sie forschend an, als ob ihr Gesicht in seiner scheuen, schamhaften Befangenheit ihn an etwas erinnern müsste. Dann unterbricht er sich kurz. „Es ist vielleicht kindisch, dass ich so spreche. Ich habe doch eigentlich nie versucht, zu malen. Aber soll ich es deshalb nie versuchen? Vielleicht bin ich wieder ... ein Beginn ... Mir ist, als hätten wir mal davon gesprochen, dass die Malcorns immer wieder Könige werden ... Und die kein Volk haben, – das sind vielleicht die wahren Könige ...“

„Auch in der Kunst kannst Du Dich über ein Volk setzen ...“

„Vielleicht. Vielleicht kann der Künstler sich aus allen Völkern sein Volk bilden, kann es sich erziehen .. Aber ich will es nicht. Ich werde es nie wollen. Ich will nicht erziehen. Ich will nicht den Erfolg, keinen Erfolg auf keiner Seite. Ich will einfach: Schönheit ...“

„Ja –“ sagt Frau Malcorn, wie zu sich selbst.

„Du fühlst das?“ Und beinahe überrascht sieht Harald sie an.

„Ja ...“ wiederholt sie leiser und wagt kaum die Augen zu heben.

Und nach einer kleinen Stille hört sie ihn sagen: „Wie schön Du bist!“ Und schauernd fühlt sie sich von ihm angeschaut.

Und wieder: „Wie schön Du jetzt bist.“

Mit ganz leisen, verhaltenen Bewegungen steht sie auf und wartet, bis er ruft: „Du warst nie so schön!“

Aber diesmal erkennt sie seine Stimme nicht. Und unsicher geht sie von ihm fort und stellt sich ins Dunkel, wie unter den Schutz der Uhr, deren Atem ganz nahe geht. –

„Wie Du gehst! Junge Mädchen gehen so.“

Und sie steht zwischen den beiden Fenstern und horcht.

Und er fragt sie: „Wie heisst Du eigentlich?“

Sie rührt sich nicht, denkt aber: das Fieber, und fühlt eine grosse Erleichterung, aber zugleich ist ihr traurig, als ob ihr etwas wieder genommen würde, etwas kaum Geschenktes.

Und er sagt: „Ja, ich habe Dich nie beim Namen genannt. Ich hab' ihn vergessen.“

Eine Weile hört sie ihr Herz und wieder ihn. „Ich weiss jetzt: Edith heisst Du –“ Und wenn es doch das Fieber ist, denkt sie und horcht.

„Aber wie haben Dich die genannt, die ... die ... die Du lieb gehabt hast?“

Sie weiss kaum, dass sie antwortet und mit einer anderen, jungen Stimme: „Edel.“

Und er nimmt den Namen und liebkost ihn: „Edel – ja, so musst Du heissen. Edel: das ist weiss, ganz weiss ... Aber Du hast ja immer noch das alte Kleid, das Kleid von gestern und vorgestern, das schwarze Kleid, das kranke Kleid ... Du bist ja nicht weiss. Du hast Deinen Namen verraten. Du darfst ihn nicht mehr verleugnen jetzt; geh, hol' Dir Dein weisses Kleid!“ Sie klammert sich an den schwarzen Kasten der Uhr.

„Geh!“

„Morgen!..."

Er hört nicht. „Worauf sollen wir warten? Schönheit will über uns kommen."

Und seine Worte drängen sie zur Thür, aber sie zögert noch.

„Eil' Dich! Mach' Dich schön und komm bald. Indessen wird hier alles festlich sein. Alle Kerzen, alle Lampen werden brennen, wenn Du wiederkommst, weisse Edel!" Und da macht er eine Bewegung, als ob er sich erheben wollte. Und sie will hin zu ihm, will es verhindern, will mütterlich sein. Aber er steht schon da, stark, gross, die Arme wie Flügel und lacht ihr zu.

Und jetzt gehorcht sie und geht.

Und selig sieht er ihr nach. Und lächelt.

Aber das Lächeln hat nicht Halt auf seinen schmalen Lippen. Wie die Uhr sich regt, fällt es ihm ab, und erschrocken deckt er sein leeres Gesicht mit den Händen zu. Und fühlt sie kalt. Und er ist allein, und das Dunkel ist gross und drückt ihn in den Stuhl zurück, in dem er stumm versinkt.

So bleibt er, vielleicht lange.

Denn als er zu sich kommt, ist Nacht.

Seine Augen sind der schwarzen, schweren Dinge entwöhnt und gehen bang in der Stille umher. Plötzlich werden sie gross. Eine Thür bewegt sich und es kommt heraus, als ob Mondlicht ginge. Und vor dem Fenster sieht man: es ist eine Frau, ganz weiss ...

Da wehrt sich Harald mit den hageren Armen und schreit, hässlich vor Angst, heiser: „Noch ... nicht! Walpurga!"

Jemand hat Licht gemacht.

Harald sitzt entstellt in den Kissen, den Kopf noch vorgestreckt, mit herabhängenden Händen. Und vor ihm steht Frau Malcorn, welk, in Atlas, mit Handschuhen. Und sie sehen sich mit fremdem Entsetzen in die toten Augen.

Ende.